¡Hola, América!

La Campana de la Libertad

por R.J. Bailey

Bullfrog Books

Ideas para padres y maestros

Bullfrog Books permite a los niños practicar la lectura de texto informacional desde el nivel principiante. Repeticiones, palabras conocidas y descripciones en las imágenes ayudan a los lectores principiantes.

Antes de leer

- Hablen acerca de las fotografías. ¿Qué representan para ellos?

- Consulten juntos el glosario de fotografías. Lean las palabras y hablen de ellas.

Lean en libro

- "Caminen" a través del libro y observen las fotografías. Deje que el niño haga preguntas. Señale las descripciones en las imágenes.

- Lea el libro al niño, o deje que él o ella lo lea independientemente.

Después de leer

- Inspire a que el niño piense más. Pregunte: ¿Alguna vez has visto la Campana de la Libertad? ¿Viste la grieta?

Bullfrog Books are published by Jump!
5357 Penn Avenue South
Minneapolis, MN 55419
www.jumplibrary.com

Library of Congress Cataloging-in-Publication Data

Names: Bailey, R.J., author.
Title: La Campana de la Libertad / por R.J. Bailey.
Other titles: Liberty Bell. Spanish
Description: Minneapolis, Minnesota: Jump!, Inc., [2016] | Series: ¡Hola, América!
Audience: Grades K to 3. | Includes index.
Identifiers: LCCN 2016016357 (print)
LCCN 2016016567 (ebook)
ISBN 9781620315033 (hardcover: alk. paper)
ISBN 9781620315187 (paperback)
ISBN 9781624964664 (ebook)
Subjects: LCSH: Liberty Bell—Juvenile literature.
Philadelphia (Pa.)—Buildings, structures, etc.—Juvenile literature.
Classification: LCC F158.8.I3 B3718 2016 (print)
LCC F158.8.I3 (ebook) | DDC 974.8/11—dc23
LC record available at https://lccn.loc.gov/2016016357

Editor: Kirsten Chang
Series Designer: Ellen Huber
Book Designer: Molly Ballanger
Photo Researcher: Kirsten Chang
Translator: RAM Translations

Photo Credits: Adobe Stock, cover; Alamy, 6–7, 8–9, 10, 11, 12–13, 16–17, 18, 23tl; Corbis, 14–15, 23br; Getty, 3, 20–21; iStock, 5; Shutterstock, 1, 4, 19, 22, 23bl, 23tr, 24.

Printed in the United States of America at Corporate Graphics in North Mankato, Minnesota.

Tabla de contenido

¡Deja que suene la libertad!

Estamos en Filadelfia.

¡Asombroso!

Mira la campana.

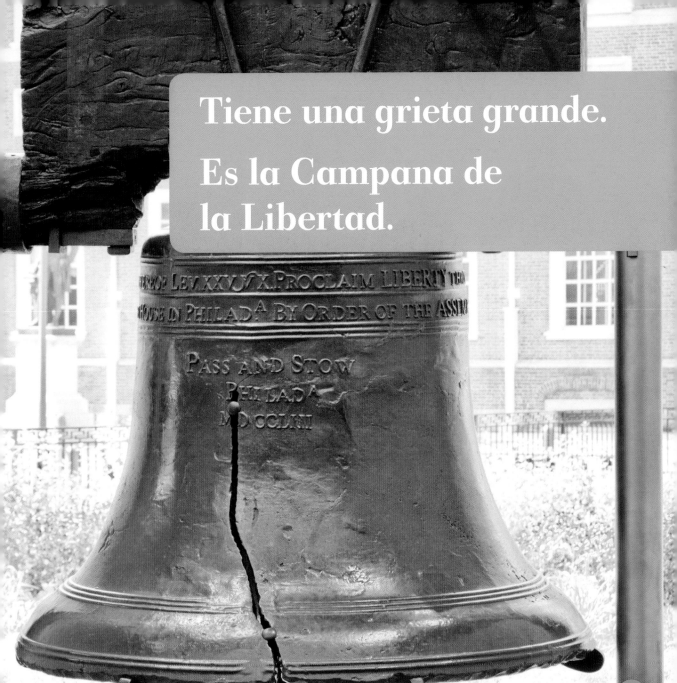

Tiene una grieta grande.

Es la Campana de
la Libertad.

Sam nos cuenta de ella.

Pertenece a 1752.

Se colgaba en el centro del pueblo.

Cuando sonaba, la gente se juntaba.

8

Sam cuenta
una historia.

La campana
sonó en 1776.

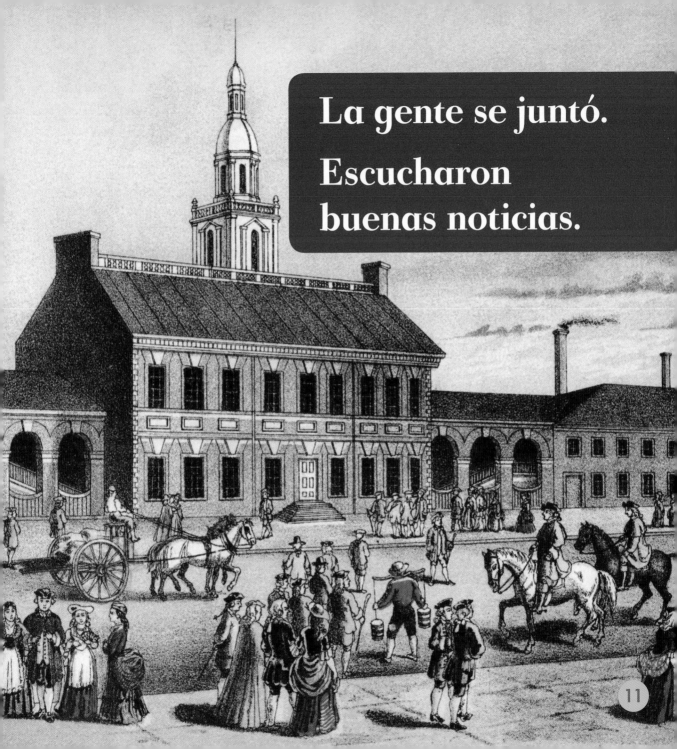

La gente se juntó.
Escucharon
buenas noticias.

11

Los Estados Unidos era
parte de Inglaterra.

¡Ahora era
un país libre!

La gente celebró.

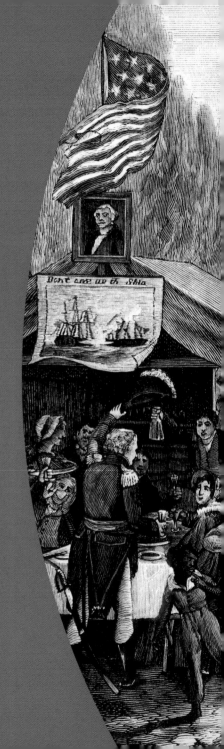

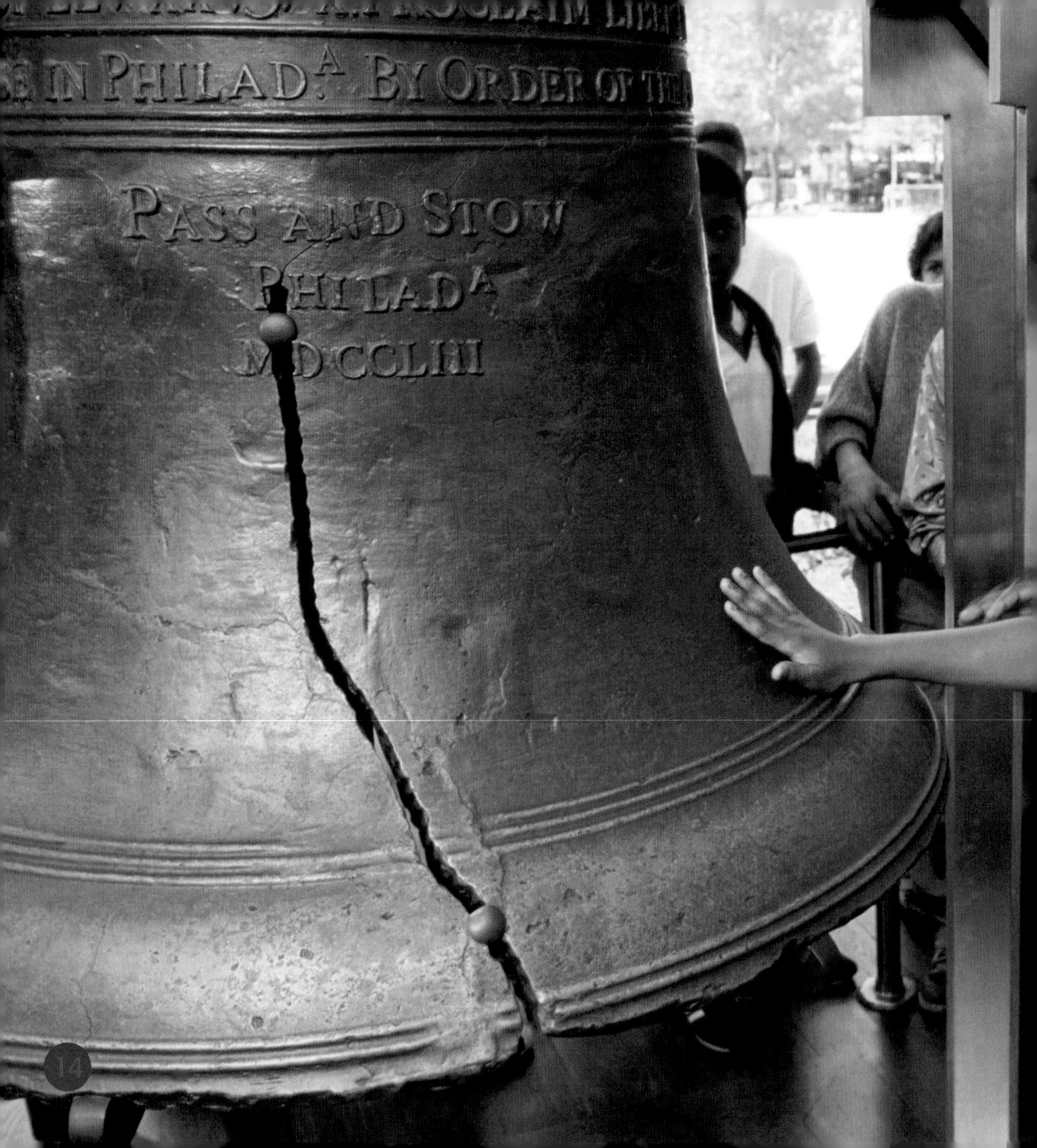
IN PHILADA BY ORDER OF THE
PASS AND STOW
PHILADA
MDCCLIII

La sentimos.

¿De qué está hecha?

Metal.

Tiene palabras inscritas.

Nos dicen que
todos somos libres.

LIBERTY THROU

OF THE ASSEMB

¿Cuándo se rompió?
En 1846.

18

La campana se rompió.

¡CRACK!

No volvió a sonar.

grieta

La campana calla, ¡pero la libertad suena!

21

Partes de la Campana de la Libertad

yugo
La Campana de la Libertad cuelga de un bloque de madera llamado yugo.

palabras
Las palabras en la campana pertenecen a la Biblia.

grieta
Esta grieta fue perforada intencionalmente para arreglar la campana. La grieta evita que ambos lados vibren y agrieten aún mas la campana.

badajo
El badajo cuelga dentro de la campana y alguna vez se usó para hacerla sonar.

Glosario con fotografías

celebrado
Recordado de
una manera
especial.

Inglaterra
Un país en el
Reino Unido.

Filadelfia
Una ciudad
en el estado
de Pensilvania.

metal
Un material,
como el oro, que
brilla, conduce
calor y puede
ser moldeado.

Índice

Para aprender más

Aprender más es tan fácil como 1, 2, 3.

1) Visite www.factsurfer.com

2) Escriba "LaCampanadelaLibertad" en la caja
de búsqueda.

3) Haga clic en el botón "Surf" para obtener una lista
de sitios web.

Con factsurfer.com, más información está a solo un clic de distancia.